Mavie Noelle ist eine der erfolgreichsten Youtuberinnen. Sie begann mit Frisurentutorials, die sie aus Spaß ins Netz stellte. Die Videos wurden über Nacht zum Hit. Seitdem dreht Mavie regelmäßig Beiträge zu den Themen Schule, Freunde, Hobbys und Sport. Ihre Videos werden millionenfach geklickt.

Seit 2015 schreibt **Daniela Hartig** mit großer Leidenschaft Jugend- und New-Adult-Romane, sowohl als erfolgreiche Indie-Autorin als auch unter dem Pseudonym Harper Drake. Die Schriftstellerei ist ihr Traumberuf, sie begeistert ihre Leser mit dramatischen und gefühlvollen Geschichten. Daniela Hartig lebt mit ihrem Mann, ihren drei Kindern und einem Hund in Bayern.

Josephine Pauluth ist seit dem Abschluss der Fachoberschule für Gestaltung sowie der Ausbildung zur Mediengestalterin für Digital- und Printmedien als Grafikerin in einer Werbeagentur tätig. Im September 2017 schloss sie ein Studium an der Akademie für Illustration und Design in Berlin erfolgreich ab und arbeitet seitdem auch als freiberufliche Illustratorin für verschiedene Kinder- und Jugendbuchprojekte. Sie kombiniert am liebsten analoge und digitale Techniken, um ihren Illustrationen ein Gesicht zu verleihen.

Bücher für coole Mädchen:
www.piper.de/youandivi

Neue Bücher, exklusive Zusatz-
inhalte und tolle Gewinnspiele:
www.piper.de/newsletter

Originalausgabe
ISBN 978-3-492-70556-1
3. Auflage 2019
© youIVI , ein Imprint der
Piper Verlag GmbH, München 2019
Umschlaggestaltung: zero-media.net, München
Umschlagabbildungen: privat und FinePic®, München
Text: Daniela Hartig unter Mitarbeit von Mavie Noelle
Illustrationen und Gestaltung: Josephine Pauluth
Druck und Bindung: Livonia Print, Riga
Printed in the EU

Dieses **Buch**
gehört ab heute:

Name: _____ Alter: _____

Lieblingstier: _____

Lieblingsfarbe: _____

Lieblingsschulfach: _____

Lieblingsfrisur: _____

Lieblingsmonat: _____

Lieblingsnascherei: _____

Lieblingsfreizeit-
beschäftigung: _____

Beweisfoto:

Hallo, hallihallo,
ich bin's wieder,
eure Mavie!

Ich freue mich, dass ihr euch meinen Schul-Survival-Guide ausgesucht habt! Auf den nächsten Seiten führe ich euch mit tollen Tipps und Tricks durch ein ganzes Schuljahr und die einzelnen Jahreszeiten und verrate, wie ihr euch das Leben trotz des stressigen Schulalltags konfettiglitzerbunt machen könnt.

Cool, dass ihr dabei seid, denn gemeinsam macht alles doppelt so viel Spaß! Und für alle, die mich noch nicht kennen, hier mein kurzer Steckbrief, damit ihr wisst, mit wem ihr es überhaupt zu tun habt.

Alter:	11 Jahre
Lieblingstier:	Katze
Lieblingsfarbe:	roségold
Lieblingsschulfach:	Englisch
Lieblingsfrisur:	Boxerbraids
Lieblingsmonat:	Dezember
Lieblingsnascherei:	Eis
Lieblingsfreizeit-beschäftigung:	Trampolin springen

So. Und weil das ja hier euer Schul-Guide-Mitmachbuch ist, genug von mir!

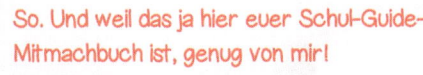

LOOOS GEHT'S!

Bevor wir gemeinsam ins neue Schuljahr starten, habe ich mir was ganz Besonderes überlegt. Den superwitzigen Wunschbrief an mich selbst. **TADA!**

UND SO GEHT'S:

Sucht euch aus eurer Bastelkiste ein schönes Blatt Papier raus. Wenn ihr euer eigenes Briefpapier habt, dann benutzt einfach das! Setzt euch in eure Lieblingskuschelecke oder raus ins Grüne. Zum Beispiel unter einen Baum in eurem Garten, den ihr besonders mögt. Oder mit einer Picknickdecke auf eine Wiese. Und wenn ihr wollt, steckt euch Kopfhörer mit eurer Lieblingsmusik ins Ohr, dann lenkt euch nichts von außen ab (z. B. wenn Mum euch ruft, weil ihr die Spülmaschine ausräumen sollt ;-)).

Schreibt einen Brief an euch selbst, in dem ihr alles auflistet, was ihr euch für das neue Schuljahr wünscht. Und weil ja nur ihr den Brief lest, müsst ihr euch auch keine Gedanken machen, ob die Wünsche und Ziele kitschig oder albern oder komisch klingen.

Ihr könnt euch zum Beispiel ein eigenes Pferd wünschen oder dass ihr euren Lieblingsstar trefft! Oder ihr setzt euch das Ziel, in eurem schlimmsten Schulfach eine Note besser zu werden und die Hausaufgaben immer pünktlich zu erledigen. Klar könnt ihr auch über Dinge schreiben, die euch vielleicht gerade traurig machen und die euch nicht so gut gefallen.

Seid wild und verrückt und mutig und schreibt alles auf, was euch beschäftigt, denn vielleicht gehen diese Wünsche ja tatsächlich in Erfüllung! Wenn ihr Lust habt, könnt ihr den Brief auch noch mit Stickern oder bunten Farben und Mustern verzieren, damit er ein cooles Outfit hat!

Seid ihr fertig und es fällt euch nichts mehr ein, dann faltet den Brief, steckt ihn in ein Kuvert und schreibt euren Namen drauf.

Aufgepasst, jetzt kommt das Allerwichtigste! Versteckt euren Brief gut! Aber nicht so gut, dass ihr ihn später nicht mehr findet! Er soll nur keinem anderen in die Hände fallen. (Nicht dass eure Mum euer Zimmer aufräumt und ihn zur Post bringt! :-))

Erst am Ende des Schuljahres dürft ihr ihn dann öffnen und lesen. Ihr werdet euch wundern, was ihr in dem Jahr alles erlebt habt, und könnt genau nachprüfen, welche Wünsche und Ziele in Erfüllung gegangen sind. Ihr werdet sehen, dass manche Dinge, die euch vor einem Jahr vielleicht noch traurig gemacht haben, einfach verschwunden sind. Und manche Dinge, die euch superwichtig waren, euch heute total egal sind.

Das Ganze ist superspannend und superlustig! Und wenn es euch gefallen hat, gebt euch selbst einen Daumen hoch und macht es doch einfach im nächsten Jahr wieder.

BRIEF AN MICH SELBST

(Kopiervorlage ♥)

Meine schönsten Erlebnisse
in den Sommerferien:

....

....

....

....

....

....

....

....

....

....

WOCHEN-PLANER

Hey Leute!

Die Schulwoche muss gar nicht so unendlich lang sein, wenn ihr sie euch mit ein paar Tricks versüßt! Meine Geheimtipps, wie ihr eine endlose Woche einfach kürzer machen könnt:

Montag:

Ganz ohne Frage der schrecklichste Tag der Woche! Für den Montag brauchen wir deshalb ein ganz besonderes Goodie! Bei uns zum Beispiel gibt es am Montag **immer** mein Lieblingsessen. ;-) Dann kann ich mich schon in der Schule auf Leckerschmecker freuen!

Dienstag:

Am Dienstag verabredet ihr euch am besten mit einer Freundin. Geht shoppen (ihr müsst ja nicht immer was kaufen; einfach durch die Läden bummeln, kann auch Spaß machen), esst ein Eis oder einen Burger oder probiert einfach lustige Klamotten an und macht ein Selfie.

Mittwoch:

Am Mittwoch ist schon Bergfest! Die Hälfte der Woche ist geschafft und zur Belohnung dürft ihr heute faulenzen!

Donnerstag:

Am Donnerstag ist das Wochenende nur noch ein klitzekleines Stückchen entfernt, den überlebt ihr locker!

Freitag:

Der Freitag zählt bei uns eigentlich schon als Wochenende und ich sitze meist mit einem Grinsen in der Schule, weil ich mich mega freue, dass endlich Wochenende ist! Wir machen freitags immer was Schönes gemeinsam mit der Familie, zum Beispiel einen Heimkinoabend mit Popcorn. Sucht euch zusammen einen Film aus und bestellt euch lecker Pizza! Oder ihr macht einen Spieleabend! Unser Favorit ist im Moment das Brettspiel Exit. Es ist echt richtig cool und macht Riesenspaß!

TADAAA!

Und schwupps, ist die Woche auch schon geschafft! War doch gar nicht so schlimm, oder? Machs mir hier einfach nach und erstelle deinen eigenen Wochenplaner:

Marie

Halt Stopp!

Bevor es tatsächlich ernst wird, hab ich auf den
nächsten Seiten noch ein paar Ideen, die den
Schulanfang leichter machen!

Neues

SCHUL-OUTFIT

Fragt eure Eltern, ob ihr euch zum Schulbeginn ein neues Outfit aussuchen dürft. Das muss nicht immer teuer sein, man kann auch in günstigen Läden tolle Sachen zum Kombinieren finden.

Wenn das Shoppingbudget über die Ferien ausgereizt wurde (das kann ja leicht passieren bei den ganzen Sommerangeboten ;-)), könnt ihr auch einen Kleiderflohmarkt mit den besten Freundinnen veranstalten. Trefft euch an einem Nachmittag bei einem von euch zu Hause. Jede Freundin muss drei Teile aus ihrem Kleiderschrank mitbringen, die sie nicht mehr anzieht, die aber noch super aussehen.

Dann richtet ihr euch eure eigene Modeboutique ein. Tut so, als wäre das Zimmer eine echte Shoppingmall. Ihr könnt die Klamotten auf Bügel hängen und sie ansprechend präsentieren oder ihr stellt schon gleich coole Outfits aus den ausrangierten Sachen zusammen.

Am Ende sucht sich jeder von euch sein neues Schuloutfit aus. Das macht riesigen Spaß, ist günstig und vor allem nachhaltig. Kontrolliert außerdem eure Sportsachen aus dem alten Schuljahr. Ich mache mir immer eine kurze Checkliste, ihr wisst ja, ich liebe Kreuzchen setzen. ;-)
Passen die Sportschuhe noch? Oder sind ein paar neue nötig? Ist die Trainingshose noch okay? Habe ich einen leichten Sweater, den ich ausziehen kann, wenn mich der Sportunterricht ins Schwitzen bringt?

Ein kleines Etui für Schmuck und Haarbänder; Kulturbeutel für die Pflege nach dem Sport; Deo, Haarbürste, frische Söckchen.

CHECKLISTE:

◯ _____

◯ _____

◯ _____

◯ _____

◯ _____

◯ _____

◯ _____

◯ _____

DIY-SCHUL-MÄPPCHEN

Ich freue mich immer riesig, wenn ich zum Schulstart ein neues Mäppchen bekomme. Es muss aber nicht unbedingt gekauft sein. Mit ein bisschen Geduld, viel Spaß und wenig Geld kann man sich die auch einfach selbst machen! Wie ihr euch lustige Stiftemäppchen selbst basteln könnt, erkläre ich euch jetzt!

Ihr habt zufällig gerade eine große Packung Süßigkeiten aufgefuttert und wollt die Verpackung jetzt wegwerfen? **Stopp!** Die können wir supergut gebrauchen! Denn daraus entsteht unser DIY-Stiftemäppchen!

Wir brauchen:

1 x große Bonbon-, Lolli- oder Schokoladenverpackung

1 x Rolle Duct-Tape (dieses schwarze Klebeband, das ist besonders haltbar)

1 x Reißverschluss

1 x Tacker

Zuerst schneiden wir die Süßigkeitenverpackung oben, unten und an einer Seite ordentlich auf. Klappt sie auseinander und streicht sie auf der Innenseite schön glatt.

Dann bekleben wir die Innenseite der Verpackung mit dem Duct-Tape. Streifen für Streifen, bis die Verpackung komplett mit Duct-Tape beklebt und stabil ist. Das überstehende Klebeband könnt ihr einfach vorsichtig abschneiden oder durchreißen.

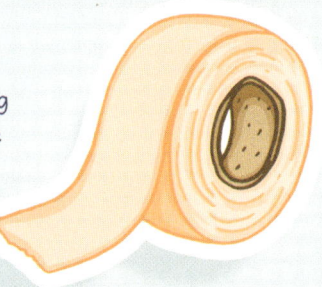

Anschließend klappt ihr die Tasche zu und jetzt, ACHTUNG! WICHTIG!, legt ihr den Reißverschluss falsch herum auf die kurze Seite der Tasche. Also mit der äußeren Seite nach unten! Mit dem Tacker befestigt ihr dann den Reißverschluss an der kurzen Seite der Verpackung. Achtet darauf, dass ihr die beiden Seiten immer schön am Rand entlang tackert, nicht dass ihr aus Versehen die Seiten zusammentackert! Denn sonst bekommen wir die Tasche ja nicht mehr auf! Wenn ihr damit fertig seid, dreht ihr die Verpackung um, sodass ihr die Seite mit dem Klebeband vor euch liegen habt. Klappt den getackerten Rand um und klebt ihn sauber mit Duct-Tape fest.

Jetzt müsst ihr den Reißverschluss erst einmal öffnen und die Tasche mit der bedruckten Seite vor euch hinlegen. Klappt nun die untere Hälfte der Tasche nach oben, sodass ihr wieder die Innenseite der Tasche mit dem Duct-Tape sehen könnt, und tackert den Reißverschluss auch auf der anderen Seite fest. Klebt abermals Duct-Tape darüber, damit der Reißverschluss doppelt befestigt ist.

Als vorletzten Schritt tackert ihr die Seiten rechts und links zusammen und verklebt diese auch mit Duct-Tape. Überstehendes Tape abschneiden oder durchreißen! Zum Schluss müsst ihr die Tasche nur noch umstülpen! In die Ecken könnt ihr einen spitzen Bleistift stecken, damit sie auch einfach nach außen gehen.

Und tada! Fertig ist euer megacooles Mäppchen! Das passende DIY-Video von mir findet ihr hier!

#maviemacht-sichgedanken

Kennt ihr das auch?

Gibt es neben all dem Spaß auch manchmal Dinge, die euch Sorgen machen? Zum Beispiel ein Schulwechsel zum neuen Schuljahr? Oder ihr selbst kommt als Einzige neu in eine Klasse, die sich schon kennt? Oder ihr bekommt eine/n neue/n Klassenlehrer/in, die/den ihr nicht einschätzen könnt?

Hier ein paar Tipps, die euch den Stress vor solchen Situationen nehmen.

Zuallererst: Redet mit euren Eltern über Ängste und Probleme. Das kostet manchmal Überwindung, weil man sich nicht traut oder weil man die Dinge allein schaffen will. Aber sie können euch helfen, den Sorgenballon einfach zum Platzen zu bringen. ;-)

Wechselt ihr auf eine weiterführende Schule?

Falls ihr den Schulwechsel zur fünften Klasse vor euch habt, geht offen und neugierig auf die neuen Mitschüler zu. Mit großer Wahrscheinlichkeit hatten sie genauso viel Angst vor dem ersten Schultag an der neuen Schule wie ihr und sind total happy und erleichtert, wenn ihr sie ansprecht.

Organisiert eine coole Kennenlernrunde.
Sucht ein oder zwei Mitschüler/innen aus, die ihr auf Anhieb nett findet, und fragt sie, ob sie Lust haben, das mit euch gemeinsam auf die Beine zu stellen. Ihr könnt euch nach der Schule in einem Café treffen oder die Lehrkraft fragen, ob ihr das Klassenzimmer in einer Pause dazu nutzen dürft. Bereitet kleine Zettel vor, auf die jeder, der mitmacht, ein paar Stichpunkte zu sich aufschreiben kann.

Zum Beispiel seinen Namen, seine Adresse und seine Telefonnummer, sein Lieblingsfach, seine Lieblingsserie, seinen Lieblingswitz oder seinen Lieblings-star. Ganz so, wie ihr und ich es vorne in diesem Buch gemacht haben. Die könnt ihr dann an die Gäste der Kennenlernrunde verteilen, die füllen sie aus und geben sie einfach weiter. Natürlich könnt ihr das auch mit eurem Handy machen, aber mit bunten Zettelchen kann es ebenfalls sehr lustig werden. So könnt ihr gleich Gemeinsamkeiten herausfinden und euch selbst vorstel-len, ohne dass ihr jeden ansprechen müsst.

Bekommt ihr einen neuen Lehrer?

Begrüßt die neue Lehrkraft mit einem netten Spruch an der Tafel und einer leckeren Tafel Schokolade. So verbreitet ihr gleich mal Good Vibes und eine coole Zusammenarbeit gelingt viel leichter.

Wer ist der oder die Neue?

Wenn ihr einen neuen Mitschüler/Mitschülerin bekommt, gebt ihm/ihr das Gefühl, dass er oder sie herzlich willkommen ist.

Ihr könnt euch zusammentun und ihm oder ihr in der Pause die Places to be zeigen. Ihr könnt sie oder ihn in die Insider der Schule einweihen, ihm/ihr die Macken und witzigsten Storys der Lehrkräfte erzählen und ihm/ihr verraten, bei welchem Lehrer er/sie auf was achten muss. So hat sie oder er sofort das Gefühl dazuzugehören und die Klassengemeinschaft wird gestärkt.

So. Ich hoffe, ich konnte euch mit diesen einfachen Tipps ein bisschen helfen und der Start ins neue Schuljahr gelingt euch konfettiglitzerbunt! Und nicht vergessen! Ihr seid stark und wunderbar! Ihr könnt alles schaffen, wenn ihr an euch selbst glaubt.

Und damit ihr das wirklich nicht vergesst, könnt ihr hier in diese Kästchen eure Stärken rein- schreiben. Oder malen. Ganz wie ihr wollt. ;-)

Die leckere HERBST-LUNCHBOX!

Ihr braucht:

1 x   Holzspieß

1 x   Banane

1 x   Apfel

1 x   Packung Nüsse
      oder Rosinen

Außerdem:

1 x   Toastbrötchen (Roggen,
      Vollkorn oder Mehrkorn)

1 x   rote und gelbe
      Paprika in Streifen

1 x   Tomate in Scheiben

3 x   Gurkenscheiben

1 x   Kräuterfrischkäse
      oder Kräuterauf-
      strich

1 x   hart gekochtes Ei

Schneide das Vollkornbrötchen ein und bestreiche es mit Frischkäse. Dann legst du die Gurken, die Tomate und die Paprikastreifen darauf. Wenn du magst, kannst du das Ganze noch mit Salz, Pfeffer und Paprika würzen, musst du aber nicht. Dein gekochtes Ei kannst du entweder auch noch auf das Brötchen legen oder du isst es als Beilage dazu. Ist beides superlecker!

Fruchtspieße:

Schneide dein Obst in mundgerechte Stücke und spieße sie nacheinander auf das Holz. Dazwischen kannst du immer wieder eine Rosine stecken, wenn du Rosinen magst. Packe die Nüsse (nimm eine Mischung oder deine Lieblingssorte) separat zu deinen Obstspießen. Nüsse sind megagesund und ein super Snack für zwischendurch, denn sie machen satt.

Mein Geheimtipp ;-) Da ich mir selbst nicht so gerne ein Brot mit in die Schule nehme, musste ich mir etwas einfallen lassen. Hier meine Tricks, damit das zweite Frühstück Energie und gute Laune gibt!

 Schnippelt in euren Lieblingsjoghurt oder -quark ein paar Früchte und mixt Müsli darunter. Es gibt Extrabecher oder kleine Boxen, in die man sogar einen Löffel stecken kann!

 Was auch richtig gut funktioniert, sind die Reste vom letzten Mittag/oder Abendessen. Ihr hattet Nudeln? Perfekt! Dann mischt euch einfach mit grünem Pesto, Cocktailtomaten und Parmesan einen Nudelsalat an. Den kann man prima in der Pause verputzen! Aus kalten Pfannkuchen könnt ihr superleckere Wraps rollen, gefüllt mit euren Lieblingszutaten, auf die oben beschriebenen Holzspieße oder Zahnstocher könnt ihr Käsewürfel und Trauben oder Oliven und Paprika stecken!

 Ihr seht, es muss nicht immer das Wurst- oder Käsebrot sein. Bereitet euch den Abend vorher eure Lunchsachen zu, packt sie in eine coole Brotdose und stellt sie in den Kühlschrank. So müsst ihr am nächsten Morgen nur noch die Tür aufmachen und eure Schmackofatz-Box in den Rucksack packen.

Supergeheimtipp:
Kleine Überraschungen sorgen für Abwechslung. Vielleicht schreibt euch eure Mum auf das Butterbrotpapier eine süße Nachricht. Oder sie packt euch eure Lieblingsschokoladenkekse ein. So wird das Öffnen der Lunchbox zu einem mega Spaß!

GUTEN APPETIT!

Liebt ihr Fragebogen auch so wie ich? Hier ist einer passend zum Herbst! Viel Spaß damit!

Meine liebste Freizeitbeschäftigung im Herbst: ;-)

- Bunte Blätter sammeln
- Kürbisse schnitzen
- Drachen steigen lassen
- Mit Kuschelsocken und Früchtetee ein gutes Buch lesen

Das mag ich am Herbst so überhaupt nicht: ;-(

- Stürmisches Regenwetter
- Gummistiefel tragen
- Das Freibad hat geschlossen
- Dass es früher dunkel wird

An Halloween gehe ich am liebsten als:

- Supercoole Vampirbraut
- Witziges Krümelmonster
- Megagruseliger, blutiger Zombie
- Ich verkleide mich nicht gerne

Welches Kleidungsstück darf im Herbst niemals fehlen:

- Lustiger Regenschirm
- Bunte Wollstrumpfhose
- Superschöne Strickstulpen
- Mein Lieblingsonesie

HALLOWEEN-DEKO

fürs Klassenzimmer! ;-)

Mumien-Stifte-Halter

Ihr braucht:

1 x Joghurtglas

1 x Verbandsmull

1 x schwarzes Tonpapier

1 x Heißklebepistole

 1 Nehmt euch ein leeres Joghurtglas. Es muss so groß sein, dass locker ein paar Stifte hineinpassen. Spült es sauber aus und entfernt das Etikett.

 2 Habt ihr einen Verbandskasten zu Hause? Fragt eure Mum, ob ihr euch daraus einen Mullverband stibitzen dürft. Wickelt den Verband um das Glas und klebt die Enden mit Heißkleber fest.

 3 Schneidet aus schwarzem Tonpapier zwei Augen aus. Ihr könnt sie gestalten, wie ihr wollt. Gruselige Schlitze oder kugelrunde Kulleraugen. Hauptsache gespenstisch. Klebt sie ebenfalls mit Heißkleber auf den Verband.

 4 Jetzt könnt ihr eurer Fantasie freien Lauf lassen. Alles, was ihr cool findet, darf noch auf euren Mumien-Stifte-Halter. Tropfen aus Kunstblut, grauselig gezackte Narben, kleine, ausgeschnittene Kürbisse oder einfach ein paar Pflaster.

5 Wenn ihr fertig seid, nehmt ihr ihn mit in die Schule, stellt ihn auf den Tisch und steckt eure Stifte rein. Entweder Füller und Bleistifte oder Buntstifte. Und zack, habt ihr eine coole Halloweendeko im Klassenzimmer, die super aussieht und auch noch praktisch ist.

Natürlich könnt ihr den Mumien-Stifte-Halter auch für andere Sachen benutzen. Zum Beispiel für Haargummis und anderen Kleinkram. Oder ihr stellt mit eurer Mum eine Teekerze hinein und habt ein schauerliches Halloweenlicht.

Creepy Gruselkerzen

Ihr braucht:

3 x Klopapierrollen

3 x LED-Teelichter

1 x Heißklebepistole

1 x schwarze Farbe und einen Pinsel

Bemalt die Klopapierrollen mit der schwarzen Farbe.

Wenn sie getrocknet sind, steckt die LED-Teelichter obendrauf und klebt sie rundherum mit Heißkleber fest. Benutzt richtig viel Kleber und lasst ihn an den Seiten herunterlaufen, damit es wie echtes Wachs aussieht.

Ist der Kleber getrocknet, bemalt ihr ihn ebenfalls mit schwarzer Farbe, damit sieht es noch viel gruseliger aus!

Schenkt die Kerzen doch eurem Lieblingslehrer. Dann kann er sie während des Unterrichts aufstellen und die dunkle Jahreszeit auch in der Schule gemütlicher machen. Natürlich könnt ihr sie auch selbst behalten. ;-) **Die passenden DIY-Videos von mir findet ihr hier!**

HAUSAUFGABEN-TIPPS

Hey Leute!

Die Schule hat begonnen und mit ihr ahhhh!!! Das Schlimmste! Hausaufgaben! Aber da wir sie ja leider alle erledigen müssen ;-(hier ein paar coole Tipps, die euch helfen, dass sie leicht und konfettiglitzerbunt werden.

Die beste Konzentrationszeit herausfinden:

Testet mal aus, welche Uhrzeit für euch am besten ist, um die Hausaufgaben zu machen. Es muss nicht immer gleich nach dem Essen sein. (Außer ihr habt noch etwas vor, dann natürlich schon!)

Macht eine Woche lang zu verschiedenen Uhrzeiten eure Hausaufgaben. Sprecht das, wenn nötig, mit euren Eltern ab, damit sie euch dabei unterstützen können. Notiert, wie es euch zu den verschiedenen Uhrzeiten ging.

 Wann wart ihr besonders müde oder erschöpft?

 Hat der Magen geknurrt und ihr konntet euch nicht konzentrieren?

 Und wann hat es supergut geklappt und die Aufgaben kamen euch megaeinfach vor?

Wenn ihr nun eure beste Konzentrationszeit herausgefunden habt, verrate ich euch noch ein paar Tricks.

29

Stellt euch einen Wecker. Für jedes Fach eine halbe Stunde.
Klingelt der Wecker, hört ihr auf und macht eine kurze Pause.
Entweder ihr seid fertig und könnt zum nächsten Fach über-
gehen oder ihr benötigt vielleicht noch etwas Zeit.

**Legt die Aufgabe aber trotzdem zur Seite und macht mit
einer anderen weiter.** So kann das Gehirn sozusagen neu
starten und es ist ihm (und euch) nicht so langweilig. Wenn ihr
eine richtige Pause braucht, tobt euch kurz im Garten aus!
Ich springe zum Beispiel gerne auf dem Trampolin, um mir den
Kopf freizupusten!

Sucht euch schon vorher eine kleine Extrabelohnung aus.
Das kann passend zur Jahreszeit sein. Eine Lieblingssüßigkeit,
in den kalten Monaten ein Schaumbad mit coolem Duft oder
auch ein gutes Buch. Oder Fernsehzeit.
In den Sommermonaten - logo - ein Eis ;-) oder einen richtig
leckeren Fruchtsmoothie. Wichtig ist, dass ihr die Belohnung
vor Augen habt, damit ihr wisst, worauf ihr hinarbeitet.

Deshalb: Schreibt sie euch auf oder legt sie vor euch hin.
Und immer, wenn ihr die Lust verliert, werft ihr einen Blick
darauf, das ist die ultimative Motivation!

Legt das Handy weg oder schaltet den Flugmodus ein.
Ihr seid nach den Hausaufgaben wieder erreichbar.

Schafft euch einen sauberen Arbeitsplatz. Die äußere
Ordnung hilft, dass ihr euch durch nichts ablenken lasst.

**Findet heraus, ob euch Musik unterstützen
kann.** Nicht jeder braucht absolute Ruhe und
vielleicht steigert eure Lieblingsmusik (natürlich nicht zu laut ;-)) eure Konzentration.

Mavies

HAPPY-PLAYLIST

Hier meine derzeitige Lieblingsplaylist, vielleicht ist da ja was für euch dabei.

A little more Homework – Ariana Grande

Friends – Marshmello

Photograph – Ed Sheeran

Rather be – Clean Bandit

Say something – Justin Timberlake

I'm a mess – Ed Sheeran

Sunset Lover – Petit Biscuit

Mama – Jonas Blue

Like I can – Sam Smith

All of me – John Legend

This Love – Maroon5

Roses – Shawn Mendes

When I was your man – Bruno Mars

If I were a Boy – Beyoncé

7 rings – Ariana Grande

Homework – Kim Petras

So. Wenn ihr das von Anfang an macht, kommt ihr in einen super Rhythmus für das ganze Schuljahr! So können Hausaufgaben Spaß machen!

BFF-TIME!

Die coolsten Ideen bei Regenschmuddelmist-Wetter für dich und deine BFF!

♥ **Ein gemütlicher Filmenachmittag mit Popcorn und Schokoladenfondue.** Habt ihr kein Schokofondue, könnt ihr einfach eure Lieblingsschoki schmelzen und die geschnittenen Fruchtstücke eintauchen.

♥ **Verrückte Verkleidungschallenge.** Sucht euch die witzigsten Kleidungsstücke aus dem Schrank und kombiniert sie total crazy! Zum Beispiel einen Schlafanzug mit einer Daunenweste und Gummistiefeln. Oder einen Jeansrock über einen Onesie und einer Strumpfhose auf dem Kopf. Lasst euch richtigen Quatsch einfallen. Und wer am Ende das schrecklichste Outfit hat, gewinnt!

♥ Malt euch mit **Tattoo-Stiften** gegenseitig an und zeigt es euch erst, wenn ihr fertig seid. Ihr werdet staunen, welche tollen Kunstwerke dabei herauskommen!

♥ **Die „Essen raten mit verbundenen Augen"-Challenge!** Jeder von euch sucht sich aus dem Kühlschrank oder der Vorratsschublade zehn kleine Essenssachen heraus. Dann seid ihr abwechselnd dran, euch die Augen zu verbinden und die einzelnen Kleinigkeiten am Geschmack zu erraten. Von eklig bis supersweet ist alles dabei. Ihr lacht euch kaputt!

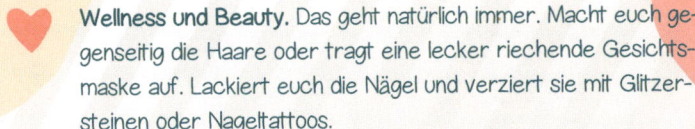 **Wellness und Beauty.** Das geht natürlich immer. Macht euch gegenseitig die Haare oder tragt eine lecker riechende Gesichtsmaske auf. Lackiert euch die Nägel und verziert sie mit Glitzersteinen oder Nageltattoos.

Schreibt euch gegenseitig Briefe oder Botschaften in Geheimschrift. Zuerst müsst ihr euch eure Geheimschrift natürlich ausdenken. Entweder gebt ihr jedem Buchstaben eine bestimmte Zahl und nummeriert so das Alphabet durch oder ihr sucht euch eure Lieblingsemojis aus, die eine ganz bestimmte Stimmung ausdrücken.

Was ich auch einmal gemacht habe und was echt total spannend ist: Presst den Saft einer Zitrone aus, tunkt einen Zahnstocher hinein und schreibt mit dem Zitronensaft auf ein weißes Blatt Papier. Der Empfänger eurer Geheimbotschaft muss das Papier vorsichtig über eine Kerze halten (nicht zu tief drüber halten und stellt ein Glas Wasser bereit, falls es doch anfängt zu qualmen). Wie von Zauberhand erscheinen nun eure Buchstaben und Wörter und eure BFF kann sie dann lesen.

Viel Spaß!

WENN-LISTE

Wenn du einen Tag Lehrer sein könntest, dann …?

Wenn du eine Schulveranstaltung planen dürftest, dann …?

Wenn du das Klassenzimmer dekorieren dürftest, dann …?

Wenn du den Sportunterricht bestimmen dürftest, dann …?

Wenn du ein neues Schulfach einführen dürftest, dann …?

Wenn du einen Star an deine Schule einladen dürftest, dann …?

Wenn du den Pausenhof gestalten dürftest, dann …?

Wenn du das Ziel der Klassenfahrt bestimmen dürftest, dann …?

#maviemacht-sichgedanken

Hey Leute!

Wir sind im Winter angekommen und in diesem Schuljahresabschnitt gibt es für mich ein wichtiges Thema ... den großen **Klassenarbeitsstress** vor den Weihnachtsferien. ;-(

Ich weiß nicht, ob es nur mir so geht, aber ich finde schon, dass es ausgerechnet in der Vorweihnachtszeit ziemlich viele Arbeiten und Schulaufgaben hagelt!

Puhh ...!

Hier meine Geheimtipps,

damit ihr den Lernstress

einfacher schaffen könnt!

Für ganz Mutige ...
blättert mal auf die **Seite 90**.

Loooos geht's!

Monatskalender

Tragt euch die Termine für Klassenarbeiten in einen Kalender ein. Am besten in einen mit einer kompletten Monatsübersicht. So könnt ihr auf den ersten Blick erkennen, was wann wie ansteht, und erlebt keine bösen Überraschungen. Nicht, dass ihr was verschwitzt und dann in einer Woche drei Schulaufgaben entdeckt!

Zeiteinteilung

Startet eine Woche vorher! Ganz wichtig! Ihr braucht die Zeit, glaubt mir. So überarbeitet ihr euch nicht und kommt nicht in den Stress.

Eure Lehrer mit einspannen

Traut euch, eure Lehrer in dem jeweiligen Fach zu fragen, ob sie euch eine Checkliste oder bestimmte Aufgaben zur Verfügung stellen. Fragt früh genug und nervt ruhig ein bisschen. Lehrer haben nämlich immer viel zu tun und vergessen das manchmal. Ihr dürft ihnen da gerne auf den Keks gehen, denn das ist ja ihr Beruf! ;-)

Gemeinsam sind wir stark

Wenn ihr gut mit einer Freundin zusammen lernen könnt, dann tut das ruhig! Bei mir klappt das leider nicht so gut, ich verquatsche mich dann ganz gerne mal … ;-) Aber das gilt ja nicht für jeden und es kann supergut im Team funktionieren.

Mama! Papa! Ich brauche euch! ;-)

Wenn eure Eltern Zeit haben, fragt sie nach Unterstützung. Vielleicht können sie euch Übungsaufgaben zusammenstellen oder sogar eine ganze Klassenarbeit zu dem jeweiligen Thema. Im Internet gibt es auch Lernplattformen, da könnt ihr euch anmelden und echte Schulaufgaben ausdrucken. Die könnt ihr dann zu Hause in dem gleichen Zeitfenster wie in der Schule machen. Das ist total praktisch und gibt ganz viel Sicherheit.

Konfettiglitzerbunt

Mir hilft es immer ganz besonders, wenn ich mir mit bunten Text-markern bestimmte Abschnitte markiere. Entweder die, die ich schon sehr gut kann, oder natürlich die, die mir noch schwerfallen. Ihr könnt auch, wenn ihr das dürft, kleine konfettiglitzerbunte Sti-cker danebenkleben. ;-) Hauptsache, ihr hebt es hervor, so bleibt es nämlich leichter hängen.

Gedächtnishilfen

Für Vokabeln oder einen ganzen Text, den ich auswendig lernen muss, habe ich mir eine spannende Methode ausgedacht. Druckt euch die Vokabeln oder den Text auf mehrere Zettel aus, die ihr dann an die Plätze im Haus hängt, an denen ihr oft seid.

Zum Beispiel an den Badezimmerspiegel, an euren Kleiderschrank, innen an die Haustür oder in der Küche an den Kühlschrank. Immer, wenn ihr daran vorbeilauft, werft ihr einen Blick darauf. Jede Wette, dass ihr den Text oder die Vokabeln bis zur Klassen-arbeit in- und auswendig könnt! ;-)

Extratipp für Vokabeln: Ich lerne Vokabeln immer mit einer spe-ziellen Vokabel-App. Da gibt es eine riesige Auswahl, sucht euch einfach die aus, mit der ihr am besten zurechtkommt.

Die Apps sprechen euch die Vokabeln auch vor, das ist witzig und hat einen Lerneffekt. Das Handy habt ihr sowieso den ganzen Tag bei euch und es macht echt Spaß. Mit der Vokabel-App könnt ihr zum Beispiel die Fahrt zum Sporttraining nutzen, die Zeit im Warte-zimmer beim Doc oder in einer Freistunde.

Und ihr müsst keine Bücher, Hefte oder Karteikarten mitschleppen. Aber ACHTUNG! Stellt das Handy in der Zeit auf Flugmodus. So werdet ihr von keiner WhatsApp-Nachricht oder BFF-Anrufen gestört. ;-)

Die letzten Stunden vor der Klassenarbeit

Auch wenn es nicht so toll ist: Geht in jedem Fall früh genug schlafen! Nichts ist schlimmer, als wenn ihr eigentlich gut vorbereitet seid und dann aber so müde am Tisch hängt, dass ihr beinahe einschlaft! Dann war die ganze Vorbereitung für die Katz und das wäre echt schade!

Unbedingt frühstücken! Auch wenn es nur eine Kleinigkeit ist! Mit knurrendem Magen kriegt man gar nichts auf die Reihe! Am besten natürlich gesund und nahrhaft. Einen Joghurt mit Früchten oder vielleicht macht euch eure Mama an diesem Morgen auch ein Rührei oder ein leckeres Sandwich.

Steckt euch ein Päckchen Traubenzucker in euer Mäppchen. Wenn ihr während der Klassenarbeit ein Tief habt, verhilft euch der natürliche Zucker ratzfatz zu einem Energieschub. Dagegen kann auch euer Lehrer nichts haben, selbst wenn ihr eigentlich kein Essen mit in den Unterricht bringen dürft. Wenn ihr den Traubenzucker vorher ausgepackt habt, knistert er auch nicht so und stört die anderen nicht.

Wenn ihr diese Dinge vor einer Klassenarbeit umsetzt, seid ihr bestens vorbereitet. Und hey, auch wenn mal was danebengeht, habt ihr wenigstens euer Bestes gegeben!

WINTER-LUNCHBOX!

Ihr braucht:

2x Süßkartoffeln

1x Paprikagewürz

1x Salz

1x Pfeffer

Heizt den Ofen auf Umluft 150 Grad vor. Die Süßkartoffel schälen und in feine Scheiben hobeln. Das geht gut mit einer Reibe, wie ihr sie für Gurken benutzt. Vorsicht, diese Reiben sind höllisch scharf und ich habe mich auch schon mal daran geschnitten.

Beträufelt die Süßkartoffelscheiben in einer Schüssel oder gleich auf dem Backblech mit etwas Olivenöl. Würzt sie dann mit Salz, Pfeffer und Paprika. Achtet darauf, dass die Scheiben auf dem Backblech gut verteilt sind.

Schiebt das Blech in den Ofen und backt eure Chips ca. 30 Minuten.

Tada!

Selbst gemachte Chips, die supergesund sind!
Das könnt ihr genauso auch mit Äpfeln machen.
Dann habt ihr einen süßen Snack, der euch
auch noch Energie liefert. ;-)

DIY-ADVENTS-KALENDER

für eure absolute Lieblingslehrkraft

Ob ihr's glaubt oder nicht, kurz vor den Weihnachtsferien seid nicht nur ihr gestresst. Auch eure Lehrer und Lehrerinnen haben ziemlich viel Arbeit. Okay, okay! Ihr müsst sie jetzt nicht direkt bemitleiden, aber vielleicht gibt es ja eine Lehrkraft bei euch an der Schule, die ihr wirklich gerne mögt?

Wie wäre es, wenn ihr diese mit einem selbst gebastelten Adventskalender überrascht? Und weil ihr ja bestimmt knapp vierundzwanzig Schüler in einer Klasse seid, ist es nicht mal viel Arbeit. Jeder übernimmt ein Kästchen und schon habt ihr jeden Tag bis Weihnachten zusammen! ;-) Natürlich müsst ihr früh genug damit anfangen, damit er pünktlich zum 1. Dezember entweder im Klassenzimmer hängt oder ihn eure Lieblingslehrkraft mit nach Hause nehmen kann. Jeder von euch denkt sich eine nette Kleinigkeit aus. Es sollte nicht teuer sein und am schönsten sind sowieso selbst gebastelte Sachen.

Hier ein paar Anregungen und Ideen ;-)

♥ Leckere Plätzchen backen und in eine süße Tüte packen

♥ Tannenzapfen und Kastanien sammeln und mit Goldspray besprühen

♥ Selbst gebastelte Weihnachtskarten oder Geschenkeanhänger

♥ Naschkram aller Art

♥ Einen schönen Bleistift oder Kuli

♥ Postkarten mit coolen Sprüchen

♥ Eine selbst zusammengestellte Witzebox (auch Lehrer müssen mal lachen ;-))

♥ Bunte Haftnotizzettel

Bestimmt habt ihr noch viel mehr Ideen! Eurer Fantasie sind natürlich keine Grenzen gesetzt. **PS:** Solltet ihr keine Lieblingslehrkraft haben, könnt ihr den DIY-Adventskalender selbstverständlich auch eurer BFF, Mama, Papa, Bruder, Haustier schenken! ;-) Darüber freut sich nämlich jeder.

MINI ADVENTSKALENDER-PLANER

Wo kommt was hinein?

1 2 3 4

5 6 7 8

9 10 11 12

13 14 15 16

17 18 19 20

21 22 23 24

WINTER-ANKREUZ-TEST!!!

Aww! ;-)

Welcher Wintertyp bist du?

Draußen schneit es, als würde Frau Holle Überstunden machen. Was tust du?

a) Mit dicken Kuschelsocken, meinem Lieblingsonesie und einem guten Buch unter die Decke schlüpfen **(4P)**

b) Nichts wie raus! Schlittenfahren, Schneeballschlacht, Iglu bauen. Voll meins, Leute! **(3P)**

c) Ich sitze stundenlang am Fenster und sehe den Schneeflocken zu. **(2P)**

d) Schnee? Interessiert mich nicht die Bohne! **(1P)**

Skifahren ist:

a) Ähh ... keine Ahnung? Noch nie gemacht! **(4P)**

b) Der beste Sport der Welt! **(3P)**

c) Viel zu anstrengend! **(2P)**

d) Leider nicht bei 36 Grad zu machen ... **(1P)**

Im Winter muss ich auf jeden Fall:

a) Plätzchen essen, bis ich platze **(2P)**

b) Eine neue Winterjacke shoppen, was sonst? **(3P)**

c) Auf dem Weihnachtsmarkt einen Punsch trinken **(4P)**

d) Nichts davon. Ist mir alles zu kalt. Ich mache Winterschlaf, bis es wieder Sommer ist! **(1P)**

Winterkälte ist für mich:

a) Gar kein Problem. Es gibt kein schlechtes Wetter, es gibt nur schlechte Outfits! **(3 P)**

c) Brr ... bitte nicht! Ich will meinen Bikini! **(1 P)**

b) Knackig. Blauer Himmel, Sonne und ein vereister See. Schlittschuhtime! **(4 P)**

d) Ist mir egal. Ich drehe einfach die Heizung auf! **(2 P)**

AUFLÖSUNG:

Typ a)
bis 4
Punkte

Okay. Dir kann es gar nicht lange genug Sommer sein. Wenn dir jemand 1.000.000 Euro schenkt, kaufst du dir davon eine Insel im Südpazifik. Da kannst du dann den ganzen Tag im Badeanzug rumlaufen und im Meer planschen. Winter? Nicht mit dir!

Typ b)
4–8
Punkte

Du magst den Winter. Aber nur, weil du dich da noch besser zu Hause einkuscheln kannst. Mit einer weichen Decke und einem heißen Kakao genießt du das knackig kalte Wetter lieber auf der gemütlichen Couch.

Typ c)
8–12
Punkte

Sport, Sport, Sport! Du bist in jeder Jahreszeit aktiv. Auf dem zugefrorenen See Schlittschuh fahren, mit dem Schlitten auf die schnellste Bobbahn, auf Skiern über die Piste brettern. Für dich das Schönste am Winter!

Typ d)
12–16
Punkte

Mit dir hat jede Jahreszeit den perfekten Style. Du bist die beste Outfitberaterin, weißt genau, welche Frisuren auch unter einer Mütze gut aussehen und was die momentan angesagtesten Nagellackfarben der Saison sind. Mit dir kleidet sich der Winter in den coolsten Farben.

WINTERZEIT, ERKÄLTUNGSZEIT?

Hey Leute!
Natürlich ist der Winter auch die Zeit, in der man leicht mit einem fiesen Schnupfen, Halsschmerzen oder Fieber im Bett liegt.

Ganz klar, dass ihr euch da nicht in die Schule schleppen, sondern zu Hause bleiben solltet. Erstens, damit ihr euch in Ruhe erholt, und zweitens, damit ihr natürlich niemanden ansteckt.

Lasst euch die Hausaufgaben mitbringen und erledigt sie erst, wenn ihr fit genug dazu seid. In unserer Klasse machen wir das so: Jedes Kind hat einen sogenannten *Krankenpaten*.

Der ist dafür zuständig, dass dem kranken Schüler die Hausaufgaben und andere benötigte Unterlagen gebracht werden. Wir arbeiten immer im Team, also zu zweit, und so muss man nicht mühsam herumtelefonieren, sondern weiß direkt, an wen man sich wenden kann.

Damit es aber trotz des nasskalten Wetters erst gar nicht so weit kommt, hier meine Geheimtipps, damit ihr gesund und munter durch den Winter kommt.

Take a shower, Baby!

Wenn ihr mutig seid, duscht abwechselnd heiß und kalt! Yeahii, das ist echt krass, aber es hilft euren Abwehrkräften so richtig auf die Sprünge!

Zitronenalarm!

Vor dem Frühstück ein Glas Wasser mit einer halben ausgepressten Zitrone. Ist supersauer und supervoll mit Vitamin C. Dagegen hat kein Virus eine Chance!

Dress for Success!

Verzichte nur wegen des schöneren Stylings nicht auf Schal, Handschuhe, Mütze oder Ohrenschützer und eine dicke Jacke. Ja, du siehst vielleicht aus wie ein Marshmallow, aber dafür bleibst du von fiesen Halsschmerzen verschont. ;-)

Sport ist kein Mord!

Treibt Sport. In meinen Videos findet ihr coole Übungen zum Nachmachen. Regelmäßiger Sport stärkt euren Kreislauf. Und wenn der auf Zack ist, wirft euch ein kleiner Virus nicht so schnell aus der Bahn!

Hier findet ihr die Videos, falls ihr Lust habt, den sportlichen Teil auszuprobieren!

IDEEN
WEIHNACHTS-GESCHENKE

Für: Geschenk-Idee:

_____ _____

_____ _____

_____ _____

_____ _____

_____ _____

_____ _____

_____ _____

_____ _____

_____ _____

_____ _____

WEIHNACHTS-WUNSCHLISTE

1 _____ 4 _____

2 _____ 5 _____

3 _____ 6 _____

Für: ....

Für: ....

Für: ....

Für: ....

Für: ....

Für: ....

Für: ....

Für: ....

WEIHNACHTS-WUNSCHLISTE

Marie   Marie   Marie   Marie

Marie   Marie   Marie   Marie

WEIHNACHTS-SHOOTING!

oh, là, là!

Foto-Session! ;-)

Sammle hier ein paar deiner Lieblingsweihnachtsmomente oder -selfies!

KAAARNE-VAAAL!

Was im Winter natürlich auch ansteht, ist … tada!!! Karneval! Oder Fasching, wie es außerhalb von Köln auch genannt wird. Falls ihr Faschingsfans seid und noch verzweifelt nach einer Kostümierung sucht, hier eine Idee von mir für euch! Es geht ganz einfach, ist supergünstig und sieht gut aus!

Ihr braucht:

Karnevalskostüm Kaugummiautomat:

1 x Heißklebepistole

1 x weißes T-Shirt oder Pullover

1 x rote Skinny-Jeans oder Leggins

1 x Schere

1 x Packung bunte Bastel-pompons / Filzkugeln

3 x Bastelfilze in den Farben Grau, Weiß und Schwarz

UND SO GEHT'S:

 Schneidet zuerst aus dem grauen Filz zwei gleichgroße Rechtecke aus. Sie müssen so groß sein, dass sie vorne auf eure rote Jeans passen, zwischen die ersten beiden Gürtelschnallen. Das gibt unseren Einwurfschlitz.

 Anschließend schneidet ihr aus dem weißen Filz ein kleineres Rechteck, das ihr mit Heißkleber auf eines der grauen Filzrechtecke klebt.

Solange das trocknet, schneidet ihr aus dem schwarzen Filz die Zahl 25 und ein Cent-Zeichen aus. Das erfordert etwas Geduld, aber es lohnt sich. Die Zahl und das Cent-Zeichen klebt ihr wiederum auf den weißen Filz.

Dann nehmen wir uns unser weißes T-Shirt oder den Pullover vor, je nachdem, für was ihr euch entschieden habt. Ich hatte noch ein T-Shirt im Schrank, deshalb habe ich das gewählt. Nun klebt ihr mit dem Heißkleber die bunten Bastelpompons auf die Vorderseite eures Shirts. Achtet darauf, dass ihr die Farben gut mischt, damit es aussieht wie in einem Kaugummiautomaten! Wenn ihr noch Pompons übrig habt, könnt ihr einen Haarreif, ein Haargummi oder einen alten Rucksack damit bekleben.

Als Letztes müssen wir nur noch unseren Geldeinwurfschlitz auf die rote Hose kleben. Am besten direkt unter den Knopf, wenn ihr eine Jeans habt. Oder eben genau mittig, sollte es eine Leggins sein.

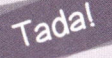

Fertig ist unser supercooles, selbst gemachtes Karnevalskostüm! Viel Spaß beim Bonbonfangen wünscht euch eure Mavie!

Hier der Link zu meinem Video, da könnt ihr euch alles noch einmal in Ruhe ansehen!

DIESE ZEHN DINGE SOLLTEST DU MAL GEMACHT HABEN:

1 Jelly-Bean-Challenge mit deiner BFF

2 Meerjungfrauenschwimmen im Pool

3 Mit Holi-Powder auf dem Trampolin springen

4 Mit bunter Haarkreide deine Haare färben

5 Einen Handstand üben

6 Bei einer Übernachtungsparty mit deiner BFF die ganze Nacht Serien gucken

7 Einen ganzen Tag lang nur die Wahrheit sagen

8 Im Bett frühstücken

9 Einen Tag lang ohne Handy überleben

10 Einen Tag lang jeden Menschen, dem du begegnest, anlächeln

#maviemacht- sichgedanken

Hey Leute!

Die Tage werden wieder länger und die Hälfte des
Schuljahres ist geschafft. Die meisten von euch haben ihr
Zwischenzeugnis in den Händen und vielleicht ist es bei
einigen nicht so gut ausgefallen, wie ihr euch das
gewünscht habt.

Das kann einen ganz schön unter Stress setzen und einem
die Frühlingssonne vermiesen … ;-(Jetzt aber nicht den Mut
verlieren! Ihr seid nicht allein mit diesem Problem!

Hier ein paar Tipps, wie ihr
euch bis zum Ende des Schuljahres
noch mal aufrappeln könnt!

Die Welt geht deswegen nicht unter! Es ist zwar
nicht schön, aber kein Grund, den Kopf in den Sand
zu stecken. Ihr müsst euch nicht schämen, jeder hat
mal schlechte Noten mit nach Hause gebracht.

Auf keinen Fall dürft ihr das Problem einfach bei-
seiteschieben und darauf hoffen, dass es von alleine
verschwindet. Ihr könnt das nur mit Unterstützung
schaffen. Sucht euch jemanden, dem ihr vertraut
und der euch helfen kann.

Redet mit euren Eltern. Auch wenn das vielleicht erst einmal schwerfällt, braucht ihr keine Angst zu haben! Sie sind immer für euch da und werden gemeinsam mit euch nach einer Lösung suchen!

Holt eure Lehrer mit ins Boot. Sie sind dafür zuständig, dass ihr den jeweiligen Stoff versteht, und wollen genauso wie ihr, dass ihr in die nächste Klassenstufe aufrückt. Macht gemeinsam mit euren Eltern einen Termin für eine Sprechstunde aus und überlegt mit ihnen, wie sie euch unterstützen können!

Nachhilfe ist Vorhilfe! Nachhilfe ist kein Zeichen von Schwäche, sondern von Stärke. Ihr sucht euch jemanden, der eure Stärken zum Vorschein bringt. Am besten hängt ihr einen Zettel an das Schwarze Brett eurer Schule. Ältere Schüler bieten Nachhilfestunden gerne an, dadurch bessern sie ihr Taschengeld auf. Und der Vorteil des Ganzen: Sie kennen die Gewohnheiten an eurer Schule, die Lehrer und eventuell die Klassenarbeiten zu den einzelnen Fächern. Sie sind die besten Insider! ;-)

Macht euch einen Zeitplan, in dem ihr eure Wackelfächer aufholen wollt. Nehmt euch gezielt die nächsten drei Monate in all euren Freizeitaktivitäten zurück. Das ist nicht leicht, besonders wenn ihr in einem Sportverein seid oder ein Musikinstrument lernt. Reduziert es, so gut es geht, denn es lohnt sich! Versprochen! ;-)

In dieser Zeit widmet ihr euch nur eurem Wackelfach! Fragt eure Eltern, ob es okay ist, wenn sie euch die Lösungen der anderen Hausaufgaben z. B. vorsagen. Das hört sich krass an, ist aber in absoluten Notfällen eine große Erleichterung. Natürlich müsst ihr aber im Gegenzug in eurem Wackelfach richtig Gas geben!

Bildet Lerngruppen. Fragt Mitschüler aus eurer Klasse, die in dem Fach, in dem ihr schwächelt, besonders gut sind. Fragt, ob sie Lust haben, an einer Lerngruppe teilzunehmen. Trefft euch einmal die Woche, immer bei jemand anderem, wenn ihr mögt, und lernt im Team.

Konkurrenz ist gut, Zusammenhalt ist besser! Ihr werdet staunen, wie leicht ihr den Stoff versteht, wenn ihn euch ein Mitschüler erklärt. Wir alle wissen, dass Lehrer und Eltern die Dinge manchmal so komisch erklären, dass man sie nicht versteht. Eure Mitschüler können das vielleicht viel besser. Und vielleicht seid auch ihr diejenigen, die dafür in einem anderen Fach glänzen und andere unterstützen können!

Setzt euch in Gedanken trotzdem mit einer **Wiederholung der Jahrgangsstufe** auseinander. Wenn es unvermeidbar ist, macht es Sinn, sich schon einige Punkte zu überlegen.

Zum Beispiel, ob ihr eine Wunschklasse habt, in die ihr, wenn ihr schon müsst, gerne gehen würdet? Vielleicht kennt ihr den einen oder anderen Klassenkameraden bereits und das erleichtert euch den Schritt zurück. Oder ihr habt einen Lehrer, mit dem ihr besonders gut klarkommt. Fragt rechtzeitig bei eurer Schulleitung nach, ob der Wechsel in diese Klasse möglich wäre. Traut euch, es geht schließlich um eure Zukunft!

Belohnung, Belohnung, Belohnung! Sprecht mit euren Eltern ab, was eine coole Motivation für euren Arbeitseinsatz sein könnte. Das ist megawichtig für den Ehrgeiz! Entweder fragt ihr nach ein bisschen Taschengelderhöhung. Zum Beispiel für die Note drei gibt es zwei Euro. Für die Note zwei vier Euro und für die Note eins fünf Euro. Oder ihr plant schon mal einen lustigen Ausflug. In einen Freizeitpark, ins Kino oder eine Shoppingtour mit eurer Mum. Alles, was euch Antrieb gibt!

So. Ich drücke euch ganz fest die Daumen, dass es klappt! **Und vergesst nicht: Ihr seid sowieso spitze!** Auch wenn ihr in Mathematik oder Latein keine Genies seid!

FRÜHLINGS-KLASSENZIMMER-VERSCHÖNERUNG!

Was könnte im Frühling besser passen als Pflanzen oder Blumen? Vielleicht habt ihr zu Hause eine Lieblingspflanze, von der ihr einen Ableger bekommen könnt?

Fragt eure Klassenleitung, ob ihr die mitbringen und gemeinsam in der Klasse zum Erblühen bringen dürft. Ihr könnt einen Plan aufstellen, wer mit der Pflege der Pflanze dran ist.

Auch eine super Idee sind Kakteen.

Die brauchen nicht viel Pflege, sind im Augenblick total angesagt und es gibt sogar welche mit richtig schönen Blüten! Macht auch Spaß, sie anzufassen, obwohl man weiß, dass sie piken.

Und was gibt es Schöneres, als den Frühling auch ins Klassenzimmer zu bringen?

BLUMEN-PLANER

Zeitraum	Wer ist dran?
von . . . . bis	. . . .
von . . . . bis	. . . .
von . . . . bis	. . . .
von . . . . bis	. . . .
von . . . . bis	. . . .
von . . . . bis	. . . .
von . . . . bis	. . . .
von . . . . bis	. . . .
von . . . . bis	. . . .
von . . . . bis	. . . .
von . . . . bis	. . . .
von . . . . bis	. . . .

Ihr könnt euch den Plan kopieren, immer neu ausfüllen und im
Klassenzimmer aufhängen, damit jeder den Überblick behält! ;-)

PICKNICK-TIME!

Rezepte für einen Outside-Lunch!

Wenn die ersten Sonnenstrahlen rauskommen und die Luft wärmer wird, bin ich die Erste, die am liebsten draußen ist. Und damit es nicht langweilig wird, macht doch einfach mal ein Picknick!

Schnappt euch ein altes Bettlaken oder eine Decke und ab in den Garten oder in einen Park in eurer Nähe.

Jedenfalls sind schon die Vorbereitungen total witzig und machen viel Spaß.

Hier ein paar leckere Ideen für Frühlings-Fingerfood.

Deftige Pizzaröllchen

Belegt einfach einen fertigen Pizzateig mit Tomatensoße, klein geschnittener Salami und ganz viel Käse! Wenn ihr damit fertig seid, rollt ihr den Pizzateig vorsichtig zusammen. Dann schneidet ihr ca. drei Zentimeter dicke Stücke ab, legt sie auf ein Backblech und schiebt es in den Ofen.

Bei ca. 200 Grad etwa zwanzig Minuten backen. Zwischendurch immer mal nachsehen, nicht dass was verbrennt! Die Pizzaschnecken auskühlen lassen und fertig ist euer erstes Fingerfood.

Mozzarella-Tomaten-Sticks

Supereinfach und superschnell! Pickt auf Zahnstocher abwechselnd eine Kirschtomate, ein Basilikumblatt und eine Kugel Mini-Mozzarella.

Apfel-Erdnussbutter-Sandwich

Witzig! Schneidet den Apfel in einen Zentimeter dicke Scheiben. Die beträufelt ihr mit ein bisschen Zitronensaft und bestreicht sie mit Erdnussbutter. Darauf legt ihr ein paar Cornflakes und geschnittenes Obst, das ihr mögt. Trauben oder Erdbeeren oder Bananen oder Rosinen, ihr könnt eurer Fantasie freien Lauf lassen. Guten Appetit bei diesem lustigen Sandwich! (Seid ihr allergisch auf Erdnüsse, geht das auch super mit Schokoladenaufstrich!)

Getränk?

Selbst gemachte Limonade natürlich! Einfach euren Lieblingssirup mit Mineralwasser aufgießen. Fertig! Sprudelnd, erfrischend und durstlöschend.

CHECKLISTE
für den
FRÜHJAHRSPUTZ

Kennt ihr das auch?

Der lange Winter ist vorbei und ihr wollt einfach mal wieder durchlüften und Ordnung schaffen? Und habt keine Ahnung, wie ihr anfangen sollt? Hier die Checkliste in der richtigen Reihenfolge für ein frühlingsfrisches Zimmer!

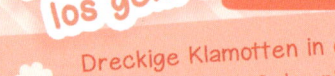
Musik an und los geht's!

Fenster auf, wenn es nicht regnet, und einmal durchlüften. Check! ♥

Dreckige Klamotten in die Wäsche, saubere in den Schrank. Check! ♥

Bettwäsche aufschütteln oder wechseln. Check! ♥

Kuscheltiere einsammeln und hübsch auf dem Bett arrangieren. Check! ♥

Abfall einsammeln. Denkt daran, den Müll zu trennen! Check! ♥

Schreibtisch aufräumen. Stifte sortieren, Kleinkram in eine Box, danach einmal mit einem feuchten Lappen drüberwischen. Check! ♥

Boden freiräumen. Alle Sachen, die noch auf dem Boden rumliegen, einsammeln und wegräumen. **Check!** ♥

 Regale und Bilderrahmen abstauben. **Check!** ♥

 Staubsauger an und in allen Ecken gesaugt. **Check!** ♥

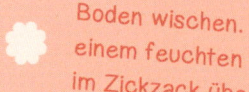 Boden wischen. Einfach mit einem feuchten Tuch einmal im Zickzack über den Boden wischen. **Check!** ♥

Tada!

Und fertig ist die Putzarbeit. Wenn ihr jetzt noch Lust habt, könnt ihr ein bisschen umdekorieren. Dafür braucht ihr nicht mal neue Sachen. Sortiert einfach eure Regale um, dann bekommt euer Zimmer auch so einen neuen Look! Viel Spaß in eurem sauberen Zimmer!

Oreokekse mit Zahncreme. Mhm ... lecker! ;-)

Kratzt die helle Creme der Oreokekse mit einem Messer ab. Bestreicht sie stattdessen mit Zahncreme und klebt den Keks wieder zusammen. Packt die Kekse in eine hübsche Tüte oder Box, macht eine Schleife darum und schenkt sie eurer BFF. Oder wenn ihr mutig seid, eurem Lehrer. Hahahaha!

Lebensmittelfarbe auf der Zahnbürste. Gruselig! ;-)

Geht am besten bei Zahnbürsten mit bunten Borsten. Betupft die Zahnbürste eurer Eltern oder Geschwister mit Lebensmittelfarbe. Ich finde blau am coolsten. Die Lebensmittelfarbe sparsam dosieren, damit sie nicht herunterläuft. Und sich ans Badezimmer anschleichen, wenn euer Opfer die Zähne putzt! Ihr lacht euch schlapp! ;-)))

Eiswürfel mit Wurstwasser. Iiiigitt! ;-)

Füllt die Eiswürfelform in eurem Tiefkühler mit dem Wasser aus einem Wurst- oder Gurkenglas. Macht eurem Prank-Opfer dann ein schönes Kaltgetränk mit Eiswürfeln. Weil ihr so nett seid. Hahahahaha ;-)))

Klassentausch. Verwirrend! ;-)

Sprecht den April-Prank mit eurer Parallelklasse ab. Macht aus, dass ihr alle etwas früher da seid, und tauscht zur ersten Stunde die Klassenräume. Wenn eure Lehrer dann verwirrt vor euch stehen, tut so, als wäre alles normal! ;-)

Der Zauberschwamm. Uups ... ;-)

Wascht den Tafelschwamm mit Seife oder Zitronenwasser und dann seid total nett und wischt die Tafel damit. Auf der Tafel hält keine Kreide mehr!

FRÜHLINGS-FRAGEBOGEN

Kreuze an! Yeahiii ;-)))
Hast du schon mal …?

- ⬡ Eine Schnitzeljagd gemacht?
- ⬡ Einen Blumenstrauß gepflückt?
- ⬡ Den Nachbarhund ausgeführt?
- ⬡ Einen Smoothie mit Spinat probiert?
- ⬡ Eine echte Radtour gemacht?
- ⬡ Einen Garagenflohmarkt organisiert?
- ⬡ Tomaten angepflanzt?
- ⬡ Alte Turnschuhe angemalt?
- ⬡ Wilde Heidelbeeren gepflückt?
- ⬡ Einen Freundschaftsschwur mit deiner BFF gemacht?
- ⬡ Einen Tag lang vegetarisch gegessen?
- ⬡ Das Auto deiner Eltern gewaschen?
- ⬡ Einen Frühlingsspaziergang im Wald gemacht?
- ⬡ Federball gespielt?

FRÜHLINGS-DEKOIDEEN

für euer Zimmer

Die Weihnachtsdeko ist abgeräumt und irgendwie fehlt euch was?
Hier ein paar ganz einfache DIY-Ideen, wie euer Zimmer in
frischem Frühlingsdesign erstrahlt!

Lustige Papierkakteen für die Fensterbank

Ihr braucht:

1 x Heißkleber

3 x Wollknäule in schö-
nen Frühlingsfarben

1 x Packung buntes
Tonpapier

1 x Schere

1 x Acrylfarben und
Pinsel

1 x kleiner Tontopf

1 x Kieselsteine aus dem
Garten gemopst ;-)

 Malt euch auf euer Tonpapier einen ca. 15 Zentimeter
großen Kaktus.

 Schneidet den Kaktus zweimal sauber aus und zweimal nur den
Stamm. Klebt die passenden Teile aufeinander, so bekommen sie
mehr Stabilität. In der Hälfte der beiden Teile malt ihr bis zur Mitte
eine gestrichelte Linie, die schneiden wir später ein, damit wir die
Teile ineinanderstecken können.

Zeichnet nun mit weißer Acrylfarbe einfach ein paar Stacheln auf.

Für die Blüten des Kaktus wickelt euch die bunte Wolle ganz oft um drei Finger. Ihr müsst richtig wickeln, damit es eine dicke Blüte wird. Zieht dann die Wolle von euren Fingern und umwickelt das untere Ende eures Knäuels mit dem Faden. Fixiert das mit Heißkleber, das geht einfacher als ein Knoten. Wenn es getrocknet ist, schneidet ihr den Faden ab und am oberen Ende schneidet ihr die Schlaufen auf. Jetzt habt ihr einen dicken Bommel. Bringt ihn noch in Form, damit eure Blüte auch hübsch aussieht.

 Befestigt eure Blüten an eurem Kaktus. Natürlich mit Heißkleber, das hält am besten! Steckt nun die beiden Kakteenteile ineinander. Ihr erinnert euch? Wir haben sie ja an der gestrichelten Linie eingeschnitten und können sie jetzt zusammenstecken.

 Malt euren Tontopf mit Acrylfarbe an. Ich habe die weiße Farbe gewählt, aber ihr könnt auch eine andere nehmen.

 Stopft den Boden des Tontopfs mit Klopapier aus und setzt vorsichtig euren Kaktus darauf. Füllt die Lücken mit den Kieselsteinen auf und voilà! Fertig ist eure Frühlingsdeko für die Fensterbank!

DIY-Schmuckhalter

Ihr braucht:

⚲ x Bilderrahmen

⚲ x Packung
       Reißzwecken

⚲ x Hammer

⚲ x Wolle

 Nehmt aus dem Bilderrahmen das Glas oder Plastik und den hinteren Teil des Rahmens raus. Drückt rundherum in den Rahmen vorsichtig Reißzwecken hinein.

Den Hammer benutzt ihr, wenn der Rahmen zu hart ist.
Aber ACHTUNG! Die Reißzwecken noch nicht ganz hineinstecken!

 Erst wickeln wir nun kreuz und quer die bunte Wolle von Reißzwecke zu Reißzwecke. Habt ihr die Wolle um eine Reißzwecke gewickelt, hämmert ihr sie ganz in den Rahmen. So lange, bis euch das Muster gefällt!

 Jetzt könnt ihr den Rahmen aufhängen und habt einen richtig coolen Halter für Ohrringe, Ketten und Armbänder.

Viel Spaß damit! Hier findet ihr das passende Video dazu!

VEREWIGT HIER EURE KREATIONEN ♥

HAPPY-PLAYLIST

Schreibe hier eine Auswahl
deiner Lieblingslieder auf:

1.

2.

3.

4.

5.

6.

7.

8.

9.

10.

DUMME FRAGEN, COOLE ANTWORTEN

und supercoole Sprüche ...

„Frau Lehrerin, würden Sie mich für etwas bestrafen, das ich nicht getan habe?"

„Nein, denn das wäre ungerecht!"

„Gut, ich habe die Hausaufgaben nicht gemacht."

Wie ich Mathe verstehe: Wenn du vier Stifte hast und ich sieben Äpfel, wie viele Pfannkuchen passen dann aufs Dach? Lila, weil Aliens keine Hüte tragen.

Dumme Frage: Sag mal, für wie blöd hältst du mich eigentlich?
Coole Antwort: Huch, es spricht!

Dumme Frage: Weißt du was?
Coole Antwort: Ja, ich weiß was. Was weißt du, was ich nicht weiß?

Dumme Frage: Schläfst du schon? **Coole Antwort:** Ja.

Dumme Frage: Stör ich?
Antwort: Nicht mehr als sonst.

Dumme Frage: Ehrlich?
Coole Antwort: Nein, ich lüge.

Dumme Frage: Schlechte Laune?
Coole Antwort: Ups, da hab ich mir gestern doch glatt die falschen Gefühle rausgelegt.

Dumme Frage: Was geht ab?
Coole Antwort: Nichts, alles festgewachsen.

#maviemacht - sich keine gedanken

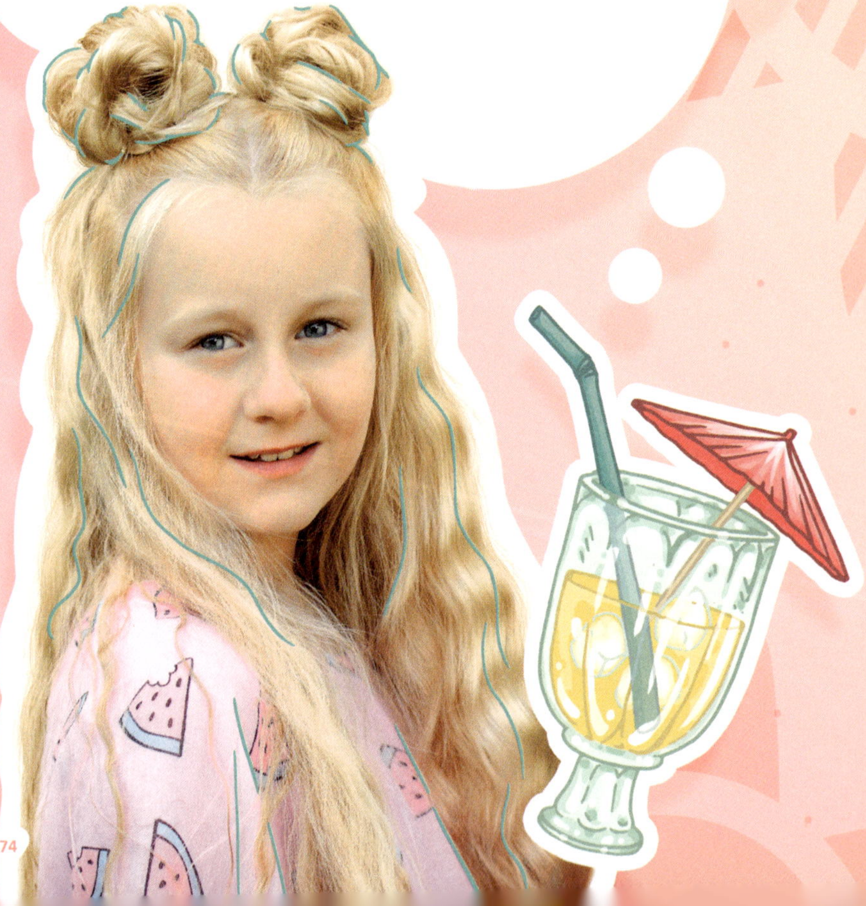

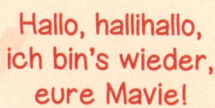

Hallo, hallihallo,
ich bin's wieder,
eure Mavie!

In den vorherigen Jahreszeiten hatte
ich ja immer ein großes Thema, über
das ich mir Gedanken gemacht habe.

Und wisst ihr was? Es ist Sommer!
Und das Schuljahr beinahe
geschafft! ;-)))

Und deswegen mache ich

mir einfach mal keine Gedanken

und genieße einfach das

tolle Wetter, leckeres Eis

und das Schwimmbad.

SELFIE-TIME ♥

oh, là, là!

Klebt hier eure liebsten Sommer-selfies ein!

SCHULRUCKSACK-SCHLEPPEN, ADE!

Bevor ihr der Schule zum endgültigen Sommerabschied freudig winkt, hier noch mein Geheimtipp, wie ihr euch für das nächste Jahr das lästige Schulrucksackschleppen erleichtern könnt! ;-)

Fragt in der Schulbibliothek nach, ob es die Bücher, die ihr für das kommende Jahr benötigt, in einer älteren Ausgabe gibt. In den meisten Fällen haben die Schulen die Bücher noch mal da, denn die abgegriffenen Versionen werden an die Schüler nicht herausgegeben. Auf Nachfrage könnt ihr sie eventuell ausleihen, und wenn nicht, schaut im Internet nach, ob ihr sie dort gebraucht und günstig erstehen könnt. So habt ihr eure Schulbücher in doppelter Ausführung und müsst sie nicht immer mit nach Hause schleppen.

Falls ihr in eurer Schule einen Spind habt, könnt ihr die neuen Bücher dort deponieren. Oder ihr fragt eure Klassenleitung, ob ihr sie in einem Fach im Klassenzimmer unterbringen dürft. Vielleicht könnt ihr sogar nach Absprache einen Schrank leerräumen und ihn dafür nutzen.

Sollte das alles nicht funktionieren, gibt es noch eine Möglichkeit. Die erfordert aber ein bisschen Disziplin und Zuverlässigkeit.

Sprecht euch mit eurem Banknachbarn ab, wer wann für welche Bücher zuständig ist. Derjenige bringt dann die Schulbücher an dem einen Tag mit, der andere am anderen. Aber wie gesagt, ihr dürft das dann natürlich nicht vergessen, sonst lasst ihr euren Sitznachbarn ziemlich alt aussehen! ;-)

COOLE SOMMER-AKTIVITÄTEN, DIE DIE LANGEWEILE VERTREIBEN

Sucht euch auf Instagram die schönsten Fotomotive eurer Lieblingsstars heraus und stellt sie mit einer Freundin nach. Das ist superwitzig. Ihr werdet staunen, wie toll die Fotos werden.

Hüpfkästchen ist nur was für Babys? Pustekuchen! Probiert es einfach mal wieder aus, ich verspreche euch, ihr habt Riesenspaß!

Schnitzeljagd Oldschool. Geocaching mit Stift und Zettel. Trommelt ein paar Freunde zusammen, teilt euch in zwei Gruppen auf.

Die eine Gruppe läuft los und streut versteckte Hinweise, in Form von Zetteln, die sie an Zäunen, Mauern oder Bäumen befestigt oder mit Kreide auf den Boden malt. Die andere Gruppe versucht, euch einzuholen und damit der Gewinner zu sein.

Habt ihr ein Trampolin im Garten? Stellt den Rasensprenger an und richtet ihn auf das Trampolin.

Hüpfpool für zu Hause. Macht richtig Spaß!

SCHULRUCKSACK ENTRÜMPELN

Zum Ende des Schuljahres hier noch meine Geheimtipps, wie ihr euren Schulrucksack entrümpelt!

Sieht euer Schulrucksack auch immer schrecklich aus, wenn das Schuljahr zu Ende geht? Ich muss dann erst mal wieder Ordnung in das Chaos bringen, denn wer will schon mit so einem Durcheinander in das neue Jahr starten? Am besten, ihr macht das gleich zum Anfang der Ferien, dann ist es erledigt und ihr könnt ihn einfach die Ferien über in den Schrank räumen. So erinnert euch erst mal nix mehr an die Schule, hahaha ;-))))

Hier findet ihr Tipps und Tricks, wie das schnell und einfach geht!

1   Holt euch drei kleine Kartons. Einen für den Papiermüll, den ihr wegwerfen wollt, den zweiten für den Plastikmüll und den dritten für den restlichen Müll.

2 Macht euch Musik an, dann geht das Neusortieren noch viel leichter!

3 Sucht euch jetzt schon eine kleine Belohnung raus, wenn ihr alles geschafft habt!

Zuerst räumt ihr alles aus dem Rucksack, was sich darin befindet. Dann müsst ihr genau überlegen, was ihr davon noch gebrauchen könnt. Weil wir ja auf die Umwelt achten, gibt es vielleicht Sachen, die ihr wiederverwenden könnt. Zum Beispiel die Hefteinbände oder anderes Material, wie Geodreieck, Spitzer, Radiergummis oder Farbmalkästen.

Ist der Rucksack leer, stülpt ihr ihn einfach einmal um. **Aber Vorsicht!** Es könnten Krümel, Spitzerdreck oder Papierkügelchen herausfallen, die dann in eurem Zimmer verteilt sind. Deshalb: entweder etwas darunterlegen oder gleich über dem Mülleimer ausschütteln.

Alles sauber? Supercool! Dann kommt jetzt der Teil, der am meisten Spaß macht! Falls ihr schon eine Liste habt, was ihr zum neuen Schuljahr alles besorgen müsst, könnt ihr das in Ruhe mit euren Eltern oder der BFF in den Ferien einkaufen.

Ordnet eure neuen Schulsachen am besten nach der Größe. Ganz hinten verstaut ihr die Sammelmappen, die Hefte und die Blöcke, so bleibt alles schön stabil. Ich sortiere meine Stifte gerne in den Regenbogenfarben, aber das könnt ihr natürlich machen, wie es euch am besten gefällt.

Ihr könnt euch schon jetzt euren liebsten Geldbeutel mit einem Notgroschen und eurer Busfahrkarte in ein Extrafach stecken. Damit ihr für alle Fälle gerüstet seid.

Das war's schon!
Jetzt können die
Ferien beginnen!

SOMMER-ANKREUZ-TEST!!!

Welcher Ferientyp bist du?

Deine BFF ruft dich an und fragt spontan, ob ihr eine Runde Inliner fahren wollt. Wie antwortest du ihr?

a) Mit einem müden Gähnen. Dann erklärst du, dass du faul auf der Gartenliege liegst und eine kalte Limo trinkst. **(4 P)**

b) Du schnallst dir die Inliner an, packst eine Lunchbag in deinen Rucksack und stehst schneller vor ihrer Haustür, als sie Zähne putzen kann. **(2 P)**

c) Du kommst nur mit, wenn ihr einen Zwischenstopp in der Eisdiele macht. **(3 P)**

d) Inliner? Was ist das? Ein neuer Klamottenladen? **(1 P)**

Ein warmer Sommerregen ist für dich …?

a) Die totale Katastrophe! Im Sommer soll die Sonne scheinen! Basta! **(4 P)**

b) Kein Grund auszuflippen. Dann eben mal ein Seriennachmittag. **(1 P)**

c) Genial! Du stellst dich mitten hinein und genießt die Abkühlung. **(2 P)**

d) Solange es nicht donnert und blitzt, kriegt dich keiner aus dem Pool. Regen hin oder her. **(3 P)**

Das beste Sommeroutfit ist …?

a) Deine Badetasche. Mit allem, was dazugehört. **(2 P)**

b) Ein Badminton-Schläger. Ein Ball. Rollerskates. Laufschuhe. Dein Fahrrad. Hauptsache, Sport im Freien! **(3 P)**

c) Die Gartenliege, ein Sonnenschirm und ein Crushed-Ice-Smoothie. **(4 P)**

d) Bücher. In den Ferien lese ich meine Lieblingsgeschichten und träume mich an wunderschöne Orte. **(1 P)**

Das schönste Urlaubsziel für dich?

a) Meer, Strand, Palmen, Sand. **(2 P)**

b) Die Berge. Ich liebe es, zu wandern und auf einer Hütte Kaiserschmarrn zu essen. **(3 P)**

c) Meine BFF. Mit ihr verbringe ich meine Freizeit, egal wo. **(1 P)**

d) Zu Hause. Ich muss nicht weg, um die Ferien zu genießen. Hier habe ich alles, was ich brauche. **(4 P)**

Die Auflösung gibt's auf der nächsten Seite! ;-)

AUFLÖSUNG:

Typ a)
bis 4
Punkte

Sommerferien sind für dich ganz klar die Zeit, in der du dich ausruhst und Kraft tankst. Träumen, faulenzen, sich treiben lassen. Wenn die Schule wieder losgeht, gibt es noch genug zu tun.

Typ b)
4–8
Punkte

Was gibt es Schöneres als Sport im Freien? Die Sommerferien sind für dich ganz klar die beste Zeit, um sich draußen zu bewegen. Ob im Schwimmbad, auf dem Tennisplatz oder beim Basketball mit Freunden. Hauptsache, du kannst dich austoben.

Typ c)
8–12
Punkte

Die Ferien entspannen dich dermaßen, dass du zu allem bereit bist. Die Mischung macht's! Ob eine Fahrradtour mit der Clique oder ein Tag im Garten auf der Sonnenliege, dir ist beides recht. Nur eine muss dabei sein: deine BFF!

Typ d)
12–16
Punkte

Sommer bedeutet Sonne! Und zwar richtig! Egal, ob im Urlaub oder zu Hause, du nutzt jede Gelegenheit, die heißen Tage zu genießen, und bist so lange draußen, wie es überhaupt nur geht. Am liebsten im Schwimmbad, mit Eis und Wasserrutschen-Challenge.

HANDLETTERING

Motivieren euch eine saubere Heftführung und ordentliche Arbeitseinträge auch so wie mich? Ich verschönere meine Hefte und Ordner gerne mit coolen Stickern, selbst gemalten Blumen, Emojis oder Collagen mit Tumblr-Bildern.

Dann sind meine Sachen gleich nicht mehr so langweilig, sie haben eine persönliche Note und ich kann mir die Einträge besser merken.

Handlettering-ABC

Auf den nächsten Seiten findet ihr ein kleines Handlettering-ABC. Probiert es über die Ferien mal aus. Auch wenn einige Buchstaben anders aussehen, als ihr sie gelernt habt, es macht großen Spaß und ihr werdet merken, dass sich euer Schriftbild verbessert! ;-)

Aa Bb Cc

Dd Ee Ff

Gg Hh Ii

Jj Kk Ll

Mm Nn

Oo Pp Qq

Rr Ss Tt

Uu Vv Ww

Xx Yy Zz

Ää Öö Üü

1234567890

(-:&!?#@;-)

SPICKER-TIME! ;-)

Ich habe das extra ans Ende des Schuljahres gepackt, nicht dass ich noch Ärger mit euren Lehrern oder Eltern bekomme ... hahahaha! Ich finde Spickzettel irgendwie wichtig, falls mal etwas dabei ist, was ihr euch überhaupt nicht merken könnt, oder wenn ihr für so viele Klassenarbeiten auf einmal lernen müsst, dass ihr es einfach nicht mehr geschafft habt.

Ich übernehme aber keine Verantwortung
fürs Erwischtwerden ... ;-))))

Hier also meine supergeheimen Geheimtipps:

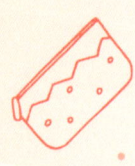 Mit spitzem Bleistift auf weiße Blei- oder Buntstifte den Text oder die Formel schreiben, die ihr euch partout nicht merken könnt. (Geht genauso gut auf einem Lineal.) Natürlich müsst ihr den Stift dann so auf den Tisch legen, dass die unbeschriftete Seite nach oben zeigt. Ist klar, oder? ;-) Schon auffällig, wenn ihr sonst die ganze Zeit den Stift hin- und herdreht.

 Falls ihr die Klassenarbeitshefte schon zu Hause habt, könnt ihr ganz hinten mit Bleistift auch was reinschreiben. Aber **VORSICHT!** Diese Methode ist nur was für Profis und sehr gefährlich! Ihr müsst unbedingt daran denken, die Bleistiftgedächtnisstützen vor der Abgabe wieder vollständig wegzuradieren!

 Nutzt die Etiketten einer Trinkflasche. Entweder ihr überschreibt sie oder kritzelt die Formeln dazwischen. Während der Klassenarbeit habt ihr natürlich wahnsinnigen Durst und müsst unbedingt mal einen Schluck aus eurer Flasche nehmen! Dabei werft ihr einen verstohlenen Blick auf euer präpariertes Etikett. ;-)

Ihr könnt das Etikett auch abmachen und von hinten mit einem Spickzettel beschriften. Klebt es dann vorsichtig wieder auf die Flasche. Bei einer durchsichtigen Flasche und einem ebenfalls durchsichtigen Inhalt könnt ihr alles ganz easy ablesen. **ACHTUNG!** Die Flasche bitte so hinstellen, dass der Lehrer das Etikett nur von vorne sieht!

Der Klassiker: ein Löschpapierblatt mit Bleistift beschreiben und ins Heft schmuggeln. AUFPASSEN! Das kennen viele Lehrer schon und auch eure Eltern würden euch erzählen, dass sie das früher auch so gemacht haben. Also seid wachsam. Und das Löschpapier natürlich vor der Abgabe herausnehmen!

Für die ganz Mutigen unter euch: der krasse Wadenspicker! Ahhh! Beschriftet zu Hause eure Waden mit eurem Spicker und setzt euch während der Klassenarbeit so hin, dass ihr euer Bein schräg auf das andere legt. Schiebt eure Socke ein Stückchen herunter und schielt unauffällig auf eure Wade. Falls euer Lehrer durch die Reihen läuft, einfach kurz am Bein kratzen, die Socke wieder darüberziehen und den Fuß zurück auf den Boden stellen.

Natürlich gibt es auch bei diversen Anbietern Spickzettel zu kaufen. Zum Beispiel den Spicker-Kuli. Am unteren Ende des Kulis gibt es ein Geheimfach, ähnlich einer winzigen Jalousie. Ein Stück Papier, das ihr beschriften und während der Klassenarbeit herausziehen könnt. Sollte euer Lehrer aufmerksam werden, lasst ihr einfach los und der geheime Zettel schnalzt zurück in den Kuli. ;-)

Und auch wenn es sich komisch anhört, aber Spicker schreiben hilft meist weniger bei der Klassenarbeit als vielmehr beim Lernen davor. Bei mir ist das in jedem Fall so, denn habe ich erst mal alles auf einen Spicker gekritzelt, kann ich es meistens längst auswendig und brauche ihn später gar nicht mehr, hahahaha! :-)))

PS: Hoffentlich liest kein Lehrer dieses Buch!

LEHRER-RANKING

Auch eure Lehrer und Lehrerinnen geben das Schuljahr über ihr Bestes.
(Auch wenn es manchmal nicht so aussieht ... ;-)) Wenn ihr Lust habt,
könnt ihr das als Klasse belohnen.

Hier ein paar Kategorien, in denen ihr eure Lehrer einfach mal belohnen
könnt. Schenkt ihnen doch, passend zu ihrem Kategorie-Gewinn, eine kleine
Packung Pralinen oder einen selbst gepflückten Blumenstrauß.
Sie werden sich riesig darüber freuen! ;-)

Kategorien

 Freundlichster
Lehrer/Lehrerin

 Lehrer/Lehrerin
mit den besten Sprüchen

 Hübschester
Lehrer/Lehrerin

 Engagiertester
Lehrer/Lehrerin

 Hilfsbereitester
Lehrer/Lehrerin

 Sportlichster
Lehrer/Lehrerin

 Coolster
Lehrer/Lehrerin

 Musikalischster
Lehrer/Lehrerin

 Lustigster
Lehrer/Lehrerin

Kreativster
Lehrer/Lehrerin

SOMMER- LICHE STYLES!

Hier ein paar DIY-Styling-Tipps, die perfekt zum Sommer passen! Bunt und verrückt und total easy!

BUNTE HAARSTRÄHNEN

Für diese Sommerstyles braucht ihr keine besonders langen Haare. Das geht auch locker mit einem Bob. Bunte Haarkreide eignet sich perfekt, um den Regenbogen auf euren Kopf zu bekommen. ;-) Haarkreide gibt es mittlerweile fast überall zu kaufen und sie wäscht sich ganz einfach wieder heraus. Damit eure Eltern keinen Herzinfarkt bekommen, hahaha. ;-)

Befeuchtet die Haarkreide etwas und malt abgeteilte Strähnen damit an. Fertig ist der pastellfarbene Sommerlook!

Wenn ihr keine bemalten Strähnen mögt, gibt es auch noch einen anderen Trick für konfettiglitzerbuntes Haar: Habt ihr bunte Wolle zu Hause? Super! Sucht euch eine oder mehrere Farben heraus, verknotet die Wolle ganz oben an eurer Haarsträhne und flechtet euch mit der Wolle einfach dünne Zöpfe.

Ihr könnt so viele Farben benutzen, wie ihr wollt. Sieht total hippie-mäßig aus! Oder ihr wickelt die Wolle komplett um eine dünne Strähne eures Haares. Das geht auch ganz einfach!

Hier das passende Video von mir dazu!

Flip-Flops verschönern

Ihr braucht:

1x   Flip-Flops

1x   Heißkleber

1x   kleine Plastikblüten und/oder Glitzersteine

Klebt mit der Heißklebepistole einfach ein paar bunte Plastikblüten oder Glitzersteine auf eure Flip-Flops. Sieht superstylish aus und ist individuell und günstig.

COOLE HENNA-TATTOOS

Besorgt im Fachgeschäft Henna-Farbe. Achtet darauf, dass es echte Henna-Farbe ist, die wird auf der Haut am schönsten und ist nicht gesundheitsschädigend. Wenn ihr mögt, druckt euch aus dem Internet Vorlagen aus, aber natürlich könnt ihr auch einfach das malen, was euch gefällt.

Und los geht's!

Verschönert eure Hände, Handgelenke oder auch eure Füße. Das sieht richtig klasse aus und ist der ultimative Festivallook. Die Muster halten circa 14 Tage. Sprecht das mit euren Eltern ab, damit es keinen Ärger gibt!

SCHOOL'S-OUT-PARTY!!!

Ihr fragt euch, was das ist?
Ganz einfach. Das ist eure ultimative Belohnung für das hinter
euch liegende Schuljahr!
Yeahhh!

Ihr braucht:

- ♥ einen Garten
- ♥ eure Clique
- ♥ Sonnenschein uuuuund …
- ♥ gute Laune! ;-)

Ihr könnt die School's-out-Party gleich am letzten Schultag starten. Ladet eure besten Freunde ein und macht vielleicht vorher aus, wer etwas zum Essen oder Trinken mitbringt. Chillt im Garten, genießt die Sonne und seid stolz auf euch! Auch wenn euer Zeugnis vielleicht nicht so gut ausgefallen ist, wie ihr euch das gewünscht habt, habt ihr trotzdem ein Jahr voller Leistung und Anstrengung hinter euch. Ihr habt nicht aufgegeben und euch durchge-boxt. Das ist in jedem Fall ein dickes Lob und eine coole School's-out-Party wert!

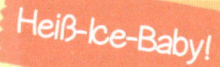

Heiß-Ice-Baby!

CANDY ICE DIY!

Ihr braucht:

Eure Lieblingsgummibärchen. Ich mag saure Apfelringe. Colafläschchen und normale Gummibärchen (die großen, die sehen im Eis noch besser aus ;-)), aber natürlich könnt ihr alles nehmen, was euch schmeckt.

Eisformen. Die gibt es überall zu kaufen oder zu bestellen und sie sind nicht teuer.

Leitungswasser. Nehmt keine gesüßten Getränke. Ich habe das schon ausprobiert und das wird viel zu süß, weil die Gummibärchen ihren Geschmack beim Einfrieren an die Flüssigkeit abgeben.

Steckt die Gummibärchen in die Eisformen und füllt sie dann mit Wasser auf. Deckel drauf und ab in den Eisschrank. Guten Appetit! ;-)

Hier das passende Video von mir für euch.

SO, LEUTE!

Das war's auch schon wieder von mir!

Ihr habt das Schuljahr hinter euch und ich hoffe, dass euch meine Tipps und Tricks konfettiglitzerbunt durchs Schuljahr geholfen haben und ihr dabei auch noch Spaß hattet!

Vergesst euren Wunschbrief nicht, den ihr ja zu Beginn des Schuljahres geschrieben habt. Und vergesst auch nicht:

♥ Es sind Ferien! ♥

Ich werde jetzt die Sonne und den Sommer genießen, euch allen supercoole Ferien!

Tschüüühüüüss, eure Mavie!

MEINE NOTIZEN

INHALT

Hier nochmal alle Themen im Überblick, damit du
auch schnell die gewünschte Seite wiederfinden
kannst ;-)

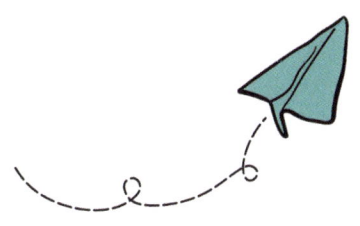